PETIT
EXPLORATEUR
MON GUIDE DE LA
NATURE

Par les photographes animaliers
Michael Leach et **Meriel Lland**
Texte français du Groupe Syntagme

Les données de catalogage avant publication sont disponibles.

Titre original : *Nature Explorer Guide for Kids*

Version anglaise publiée initialement au Royaume-Uni en 2016 par QED Publishing, une division de The Quarto Group.

Édition publiée par les Éditions Scholastic, 604, rue King Ouest, Toronto (Ontario) M5V 1E1

Direction artistique :
Susi Martin
Conception graphique et recherche d'images :
Starry Dog Books Ltd

Imprimé en Chine   CP141

5 4 3 2 1   18 19 20 21 22

Boussole fabriquée à Dongguan, en Chine. TL012018

TABLE DES MATIÈRES

La nature offre un spectacle fascinant. La Terre abrite environ 10 000 espèces d'oiseaux et 5 000 espèces de mammifères. Certains animaux arborent des couleurs vives, et on les voit sans peine. D'autres sont plus difficiles à repérer, soit parce qu'ils se déplacent très vite, soit parce qu'ils ne bougent presque pas et qu'ils sont bien camouflés dans leur environnement. Il existe aussi des espèces rares; c'est un véritable défi que de les trouver.

Ne bouge plus! Les yeux du lièvre sont placés sur les côtés de sa tête. Il peut voir tout ce qui bouge à sa droite et à sa gauche.

Si tu aimes les animaux, tu veux sûrement savoir quand et où les observer dans leur milieu naturel. C'est pourquoi ce guide te sera utile! Il te montrera comment approcher les animaux en lisant les indices qu'ils laissent derrière eux. Il t'apprendra les qualités essentielles des explorateurs et te fera découvrir des créatures fascinantes. Ce livre te donnera plein d'idées pour te préparer à vivre une grande aventure en pleine nature!

L'ABC DE L'EXPLORATION

Pour que leur expédition soit fructueuse, les explorateurs doivent maîtriser des techniques de plein air et être armés de patience. Ils doivent savoir comment lire les indices pour trouver les animaux et comment éviter de les effrayer.

Il faut de la ruse pour s'approcher d'un animal craintif. Porte des vêtements confortables avec lesquels tu pourras te fondre dans l'environnement.

Des jumelles t'aideront à repérer des animaux et à les observer tout en gardant tes distances.

LE SAC À DOS PARFAIT

Un sac à dos léger est essentiel.

Un sac confortable, parce que tu le porteras pendant de longues périodes.

Un sac bien conçu, pour que tu puisses facilement et sans faire de bruit trouver tes jumelles, ton appareil photo, ton carnet ou ta bouteille d'eau.

Un sac résistant qui protégera tes affaires par tous les temps.

LE CARNET

Prends un carnet et un crayon pour noter tes découvertes, faire quelques croquis et consigner les détails importants. **Emporte aussi un appareil photo** ou un téléphone intelligent pour ne rien perdre de tes observations (voir page 13).

CONSEILS DE PRO

• Prends une règle pour mesurer les empreintes des animaux. Cela t'aidera à les identifier.

• Garde toujours les yeux grands ouverts sur le monde qui t'entoure.

FAIS DES FICHES

Monte des dossiers sur les animaux. Prends note de tout ce que tu vois. Inscris par exemple :

1 Le meilleur endroit pour voir l'animal.

2 Ce qu'il mange.

3 Le meilleur moment de la journée et de l'année pour l'observer.

4 Ses comportements importants.

Ta mission : disparaître! Pour explorer la nature, il faut des vêtements protecteurs, confortables et discrets. Les animaux sauvages savent reconnaître le danger. Choisis des vêtements qui se fondent dans l'environnement et qui te protègent, peu importe les conditions météorologiques et la saison.

Le savais-tu ?

Quand tu mets plusieurs vêtements l'un par-dessus l'autre, il se crée entre eux une sorte de « couche d'air » qui isole davantage et te garde au chaud.

LE CONFORT AVANT TOUT

• Place tes vêtements à portée de la main dans ton sac. Tu pourras mettre un vêtement de plus ou en ôter un, au besoin. La technique multi-couches est une bonne façon de rester au chaud et au sec (voir les pages 70 et 71).

• Choisis des vêtements souples et amples qui ne gêneront pas tes mouvements.

• Porte des bottines à semelles épaisses, qui respirent tout en étant imperméables et qui tiennent bien la cheville. Prends-en soin : tu les porteras des heures durant!

Motif camouflage pour le sable

Motif camouflage pour la verdure

Motif camouflage pour la neige

CONSEILS DE PRO

• Achète des bottes d'une demi-pointure trop grandes. Si tu mets deux paires de chaussettes, tu n'auras pas d'ampoules.

• Les animaux ont l'ouïe très fine, alors il te faut des vêtements qui ne font pas de bruit.

Choisis des vêtements qui t'assurent un bon camouflage.

LES INDISPENSABLES

À toujours avoir sur soi :

Un chapeau qui te tiendra chaud ou frais et masquera tes cheveux et ta silhouette humaine!

Un écran solaire, même lorsque le ciel est couvert.

Des lunettes de soleil pour protéger tes yeux.

Les deux outils technologiques qui te seront le plus utiles sont les jumelles et le téléphone intelligent. Tu peux ajouter des objectifs à ton téléphone et prendre des photos de loin, de près ou à grand angle. Il existe même des objectifs qui permettent de transformer ton téléphone en microscope.

CONSEIL DE PRO

Regarde dans l'objectif, au lieu de l'oculaire : tu as une loupe improvisée! (Voir page 15)

MANUEL DES JUMELLES

Les jumelles ont toutes un nom, par exemple 10 x 50. Le premier chiffre indique le grossissement. Des jumelles 10 x 50 grossissent les objets 10 fois. Le second chiffre donne le diamètre de la lentille frontale. Pour explorer la nature dans tous ses états, des jumelles 8 x 35 sont un bon choix.

RETOUCHES PHOTO

De retour chez toi, télécharge tes photos sur un ordinateur et fais des retouches à l'aide de différentes applications.

LE TÉLESCOPE D'OBSERVATION

Les petits télescopes d'observation s'installent sur un trépied. Ils permettent de s'attarder sur des détails. Certains n'ont qu'un seul réglage de grossissement, d'autres sont munis d'un zoom. La plupart des observateurs de la nature utilisent une lentille avec un grossissement de 20.

Tu peux fixer un appareil photo numérique à un télescope : ce procédé s'appelle la « digiscopie ». Tu peux ainsi prendre des gros plans d'animaux éloignés.

Les techniques de plein air te permettent de marcher sans te faire remarquer, de te cacher comme il faut et d'attendre patiemment sans signaler ta présence, peu importe le temps qu'il fait ou l'environnement où tu te trouves. Le but, c'est d'observer les animaux en passant inaperçu.

Grâce à de bonnes techniques de plein air, cet observateur s'est rendu presque invisible!

JUMELLES :
MODE D'EMPLOI

Tout ce que tu vois est flou? Pas de panique! Voici ce qu'il faut faire :

Regarde **1**

Regarde un objet situé à environ six mètres de toi.

Lève les jumelles

Approche les jumelles de tes yeux. **2**

4 **Règle l'objectif**

Regarde maintenant un objet plus éloigné. Fais la mise au point en tournant la molette. L'objet deviendra plus flou ou plus net. Avec un peu de pratique, tu feras tout ça rapidement!

Éloigne les oculaires l'un de l'autre. Rabaisse les tubes peu à peu jusqu'à ce que tu voies une seule image.

3 **Ajuste les jumelles**

SEPT RÈGLES D'OR

Suis ces sept règles liées aux techniques de plein air et tu t'amélioreras constamment :

REFLETS
Ne porte rien de brillant sur toi.

SILENCE Ne fais pas de bruit!

ODEURS La plupart des animaux ont un odorat développé, alors évite les produits parfumés.

LENTEUR
Déplace-toi lentement; si tu te dépêches, les animaux flaireront un danger.

DISTANCE Grâce aux jumelles, tu peux voir beaucoup de choses en restant à bonne distance.

SILHOUETTE Dissimule ta silhouette grâce au camouflage et reste près du sol.

ZIGZAGS Ne te déplace pas en ligne droite, les animaux pourraient se sentir menacés. Il vaut mieux faire des zigzags d'une cachette à une autre.

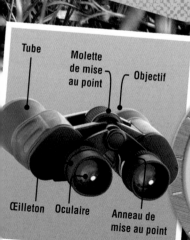

Tube
Molette de mise au point
Objectif
Œilleton
Oculaire
Anneau de mise au point

CONSEIL DE PRO

Pour approcher des animaux, il faut marcher face au vent. Si le vent souffle vers l'animal, il pourra te sentir et t'entendre.

Il ne faut surtout pas être pris au dépourvu quand on se promène dans la nature. On ne sait jamais ce qui peut arriver!

CONSEIL DE PRO

Pour protéger ton téléphone et ton appareil photo, range-les dans des sacs de plastique à fermeture hermétique.

LA SÉCURITÉ AVANT TOUT

Un accident peut se produire n'importe où. Suis ces quelques conseils :

• Garde toujours ton téléphone cellulaire sur toi.

• Dis toujours à quelqu'un où tu vas.

• Invite un de tes proches à t'accompagner. Pour faire des découvertes, deux paires d'yeux valent mieux qu'une!

UN PONCHO

Emporte un poncho imperméable léger. Il ne pèse presque rien et il gardera toutes tes affaires bien au sec en cas d'averse. Tu peux aussi t'asseoir dessus si le sol est mouillé.

UN PEU D'ÉNERGIE

Prévois des collations nutritives. Les barres tendres, les barres de protéines et les fruits séchés sont parfaits.

Si tu t'érafles, nettoie bien la blessure et recouvre-la pour qu'elle reste propre.

TROUSSE DE PREMIERS SOINS

Trousse étanche
Garde toutes tes fournitures au même endroit et au sec.

Pansements pour les ampoules
Ces pansements préviennent les ampoules… ou les soulagent.

Pansements hydrofuges
Les coupures et les blessures resteront propres.

Bandage
Enroule-le autour d'une entorse.

Tampons antiseptiques
Pour bien nettoyer les blessures et éviter qu'elles ne s'infectent.

OBSERVER LES ANIMAUX DES BOIS

De la forêt tempérée à la forêt tropicale humide en passant par la forêt boréale, les bois sont de magnifiques habitats à explorer. Plus de la moitié des espèces animales terrestres vivent dans les arbres.

Il existe de nombreux types de forêts composées de différentes espèces d'arbres. Les arbres feuillus, à feuilles caduques, se dénudent en hiver. Les conifères, qui ont des aiguilles plutôt que des feuilles, restent verts toute l'année. Chaque type de forêt attire une faune différente.

LES DIFFÉRENTES FORÊTS

	Feuillage caduc	Feuillage persistant
Nom scientifique	Feuillus	Conifères
Feuilles	Tombent en hiver	Restent tout l'hiver
Exemple	Chêne	Sapin
Nourriture pour les animaux	Insectes, fruits et noix	Cônes
Faune	Abondante et variée	Moins nombreuse et moins variée

CONSEIL DE PRO

Dessine un arbre de mémoire. Va ensuite en dessiner un vrai. Les explorateurs doivent apprendre à observer chaque détail!

21

Les scientifiques ont donné aux forêts des noms qui les décrivent bien.

QUI MANGE QUOI?

Les forêts de feuillus regorgent de noix.

Les souris et les campagnols rongent l'écorce des noix pour y faire un trou. Ensuite, ils grignotent ce qu'il y a à l'intérieur.

Les écureuils ouvrent la noix après avoir rongé l'écorce avec leurs dents.

Les forêts de conifères produisent des cônes remplis de graines.

Les souris et les campagnols grignotent minutieusement les cônes en laissant un trognon bien net.

Les écureuils dévorent les cônes avec leurs dents solides et laissent un trognon irrégulier.

Observe les traces laissées par les animaux et tu découvriras l'identité des habitants de la forêt.

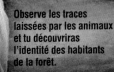
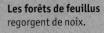

Les techniques de plein air consistent à tirer profit de l'environnement naturel pour s'approcher des animaux sauvages. Voici comment il faut s'y prendre pour repérer un animal en suivant ses traces.

RESTER INVISIBLE

La plupart des animaux s'enfuiront s'ils sentent ta présence. Apprends à te fondre dans le paysage.

1 Installe-toi derrière un rocher pour masquer ta forme.

2 Assieds-toi devant un tronc d'arbre ou un arbuste pour que ta silhouette ne se détache pas sur le ciel.

Si tu pistes un renard, essaie de trouver ses empreintes, ses excréments et les restes de son repas.

Le savais-tu ?

Les traces d'un animal fournissent toutes sortes d'indices sur ses allées et venues. On trouve par exemple ses empreintes, son odeur, ses poils, des bouts de branches cassées et ses excréments.

CONSEIL DE PRO

Les yeux des animaux sont conçus pour détecter les mouvements. Si tu ne veux pas qu'un animal te voie, bouge le moins possible.

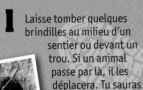

INDICES RÉVÉLATEURS

Il y a plusieurs moyens de savoir si un animal emprunte un sentier particulier :

1 Laisse tomber quelques brindilles au milieu d'un sentier ou devant un trou. Si un animal passe par là, il les déplacera. Tu sauras que le sentier est fréquenté.

2 Place un morceau de ruban adhésif sur une petite branche, côté collant à l'extérieur. Si un animal passe, quelques poils y resteront collés. La couleur et la texture de ces poils t'aideront à identifier leur propriétaire.

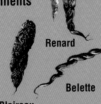

EXCRÉMENTS

Essaie de trouver les excréments de différents animaux.

Lièvre

Les animaux herbivores font de petites crottes arrondies, parfois empilées, parfois dispersées.

Les animaux carnivores ne font qu'une crotte qui contient souvent des poils, des plumes ou même de petits os.

Renard

Belette

Blaireau

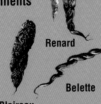

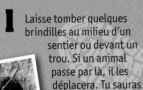

23

Les traces des animaux t'indiqueront où il convient d'installer ta cache.

Cherche des plumes! Elles te permettront d'identifier les oiseaux de la forêt. Un oiseau a différentes sortes de plumes qui ont chacune un rôle : le garder au chaud ou l'aider à voler.

Vérifie dans un guide quelles espèces d'oiseaux vivent dans ta région. Tu pourras comparer les illustrations avec les plumes que tu as trouvées.

LES PLUMES

Les pennes (aussi appelées plumes de contour) couvrent le corps et la tête de l'oiseau et assurent la stabilité de son vol.

Les rémiges primaires se trouvent au bout des ailes.

Les plumules forment le duvet. Ce sont de petites plumes très douces qui se trouvent sous les plumes extérieures plus rigides. Le duvet procure plus de chaleur.

LES POILS

Il arrive souvent que des poils d'animaux s'accrochent aux clôtures et aux plantes. Recueille des échantillons et compare leur couleur avec des photos d'animaux des forêts.

Si tu trouves des poils sur une brindille, ce pourrait être ceux d'un petit animal, par exemple un écureuil.

Si tu trouves une touffe de poils roux accrochée au bas d'un tronc, au printemps, un renard roux est probablement passé par là.

Si tu trouves des poils bicolores, crème et noirs, sur des fils barbelés, ils appartiennent à un blaireau.

Identifie les différents types de plumes de ce grand-duc.

Les semiplumes sont douces et souples comme les plumules, mais leur rachis (la tige) est plus solide, comme celui des pennes. Les semiplumes se trouvent habituellement sous les plumes de contour; elles aident à stabiliser le vol et à garder l'oiseau au chaud.

Les rémiges secondaires couvrent l'intérieur des ailes.

Les plumes rectrices sont parfois longues et décoratives; elles peuvent aussi aider l'oiseau à se diriger et à garder son équilibre.

RECONNAÎTRE LES EMPREINTES

Quand un animal marche sur une surface molle, comme la boue, le sable ou la neige, il laisse des empreintes qui forment une piste. Consulte le petit guide pratique d'identification des empreintes ci-contre.

LES PISTES

Les animaux passent souvent au même endroit : c'est leur piste. Tu peux savoir quel animal emprunte une piste en lisant les indices qu'il laisse derrière lui. Par exemple, le blaireau se faufile sous les obstacles. Si une piste passe sous une clôture et que les plantes y sont toutes aplaties, c'est probablement celle d'un blaireau!

Le blaireau d'Amérique a de larges pattes munies de griffes. Ces griffes s'enfoncent dans la neige en y laissant des empreintes.

EMPREINTES DE MAMMIFÈRES

Il existe quatre types d'empreintes de mammifères :

Les plantigrades, par exemple les ours, marchent sur la plante des pieds. Leur empreinte laisse voir cinq doigts, un ou plusieurs coussinets et un talon. Beaucoup de plantigrades ont aussi des griffes.

Les digitigrades, comme les loups et les renards, marchent sur les doigts; ce sont souvent de bons coureurs. Ils laissent des empreintes de leurs coussinets, de quatre ou cinq doigts et de leurs griffes.

Les ongulés, les chevaux et les ânes, par exemple, ont un seul doigt recouvert d'un sabot. L'empreinte de ce sabot forme un cercle presque complet.

Les ongulés à sabot fendu, comme les cerfs et les porcs, ont quatre doigts. Ils marchent sur les deux doigts du milieu, qui sont recouverts d'une corne épaisse fendue.

Les oiseaux, eux, ont habituellement quatre griffes à chaque patte. Certaines espèces en ont seulement trois. La plupart des empreintes d'oiseaux montrent trois griffes dirigées vers l'avant et une vers l'arrière.

CONSEIL DE PRO

Pour identifier l'animal qui parcourt une piste, compte le nombre de doigts de chaque empreinte. Vois-tu des marques de griffes ou de palmes? Vois-tu l'empreinte des coussinets? Est-ce que la queue de l'animal laisse elle aussi une trace?

Le savais-tu ❓

Les renards laissent derrière eux une piste odorante! Les limaces, elles, laissent une piste scintillante bien visible.

CACHES ET ÉCRANS

Si tu veux observer les animaux et les oiseaux des bois sans que ceux-ci te voient, tu as besoin d'un abri. Le meilleur point d'observation, c'est à l'intérieur d'une cache ou derrière un écran. On utilise souvent un tissu à motif camouflage pour construire une cache ou un écran, mais n'importe quel matériel qui se fond dans l'environnement fera l'affaire.

RÉSERVES NATURELLES

Dans les réserves naturelles, il y a souvent des caches confortables et de bonnes dimensions. Il y a même parfois des écrans sur lesquels on peut voir en direct ce qui se passe dans les nids!

Centre d'interprétation des milieux humides de Slimbridge, en Angleterre.

29

Dans une cache, trois mots d'ordre : patience, silence et immobilité!

COMMENT INSTALLER UNE CACHE

L'idéal est d'installer ta cache ou ton écran près d'un arbre ou d'un buisson avec lequel il se confondra.

Laisse la cache ou l'écran en place pendant quelques jours afin que les animaux s'habituent à le voir.
Ton abri fera bientôt partie de leur environnement.

Installe ta cache près d'un lieu où les animaux viennent souvent, par exemple un point d'eau ou un endroit où ils viennent manger.

CONSEILS DE PRO

• Une cache est parfaite pour observer les oiseaux, car la plupart des espèces n'ont pas un bon odorat.

• Installe ta cache près d'une mangeoire. Tu pourras photographier les oiseaux de près.

Il existe des caches portatives très légères, dont le motif camouflage convient à différents habitats. La plupart ne peuvent abriter qu'une seule personne.

Le savais-tu ❓

Le vautour est l'un des rares oiseaux à avoir un odorat développé. C'est un charognard, ce qui veut dire qu'il mange des animaux morts. Il peut flairer leur odeur à plus d'un kilomètre de distance.

Tu n'as pas de cache portative? Pas de panique! Il y a d'autres façons de dissimuler sa présence quand on se trouve dans les bois. Utilise ce que tu as sous la main! Entrelace des branches mortes et des rameaux couverts de feuilles et tu obtiendras un écran parfait.

FILET DE CAMOUFLAGE

Ce filet est fait exprès pour le camouflage.
Il ne coûte pas très cher, ne pèse presque rien et permet de fabriquer un écran derrière lequel tu seras quasiment invisible!

Choisis une couleur qui convient à l'habitat dans lequel tu veux te cacher.

COMMENT FABRIQUER UN ÉCRAN

Des branches **1**

Pour commencer, trouve un buisson bas et peu dense.

Passe une large bande de filet de camouflage entre les branches et pose de grosses pierres sur la base.

Un filet **2**

Ramasse de petites branches minces et feuillues et appuie-les contre le filet.

3 Plus de branches

Assieds-toi derrière l'écran et arme-toi de patience. Un animal finira bien par passer dans ton champ de vision!

4 Attends

QUI A PEUR DE SON OMBRE?

Fais attention à ton ombre. Les petits animaux, en particulier les papillons et les insectes, prennent peur lorsqu'une grande ombre comme la tienne cache soudainement le soleil.

Place-toi face au soleil afin que ton ombre soit derrière toi.

Dans la forêt amazonienne, cette exploratrice se fabrique un écran à l'aide de branches et d'un filet.

Si tu allumes une lampe de poche en pleine forêt, la nuit, tu verras apparaître d'étranges regards dirigés vers toi! Les animaux nocturnes ont, au fond de l'œil, une couche spéciale qui agit comme un miroir. Cela les aide à discerner la moindre parcelle de lumière.

Le savais-tu ?

Certains insectes, comme les lucioles ou les vers luisants, communiquent à l'aide de la lumière. Dans leur queue, il y a une substance chimique qui émet une vive lumière jaune ou verte. Quand des centaines de ces insectes sont réunis au même endroit, la forêt brille de mille feux!

QUI ME REGARDE?

Les yeux des chevreuils semblent jaunes, la nuit.

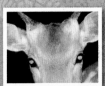

Les yeux des chats semblent verts.

Les yeux des hiboux sont rouges.

Les lapins aussi ont les yeux rouges.

FILTRE ROUGE

Si les animaux nocturnes voient bien dans le noir, la plupart ne peuvent pas discerner la couleur rouge. Couvre la lumière de ta lampe de poche d'une mince feuille de plastique rouge. Tu pourras voir sans être vu!

Cet ocelot ne voit pas la lumière rouge.

L'œil de ce chevrotain renvoie la lumière vers sa source.

CONSEIL DE PRO

La nuit, prends note de la hauteur des yeux des animaux que tu distingues et de la distance entre les deux yeux. Ça t'aidera à identifier l'animal.

Michael Leach et **Meriel Lland** t'expliquent ce que ça veut **vraiment** dire, **explorer** la **nature!**

Q QU'EST-CE QUI EST LE PLUS DIFFICILE QUAND ON TRAVAILLE À L'EXTÉRIEUR?

R *Michael : La pluie! Dans la forêt tropicale, il pleut tous les jours. Tout est toujours mouillé.*

R *Meriel : Le poids des bagages; un appareil photo et ses accessoires pèsent vraiment très lourd!*

Q OÙ DORMEZ-VOUS, QUAND VOUS ÊTES EN FORÊT?

R *Michael : Ça dépend du type de forêt. On s'isole du sol en dormant dans un hamac et on se protège à l'aide d'une bâche ou d'une toile.*

R *Meriel : C'est le grand luxe! Il faut parfois s'accommoder d'un campement provisoire qu'on appelle un bivouac et dormir directement sur le sol (voir la photo ci-dessous).*

Q PRÉFÉREZ-VOUS LES ENDROITS OÙ IL FAIT CHAUD OU CEUX OÙ IL FAIT FROID?

R *Michael : Je n'ai pas de préférence. Mais il y a quelque chose de spécial à travailler dans l'Arctique, l'hiver. Avec des vêtements appropriés, on n'a pas froid, même à -10 °C. En plus, il n'y a pas d'insectes qui piquent!*

R *Meriel : L'humidité, c'est vraiment désagréable! Je préfère un désert où il fait 35 °C! J'adore aussi la savane, pendant la saison sèche.*

Q QUEL EST LE PLUS GRAND DANGER DANS LA FORÊT?

R Michael : *Sous les tropiques, ce sont les moustiques. Ils peuvent transmettre le paludisme, une maladie mortelle.*

R Meriel : *Les moustiques, c'est une chose. Mais il y a aussi les serpents, les araignées et toutes sortes de bêtes munies de crocs et de ventouses qui voudraient bien savoir quel goût ça a, un humain!*

R Michael : *Dans la forêt boréale, il faut faire bien attention aux orignaux mâles pendant la saison des amours. Si tu en vois un, cache-toi immédiatement!*

R Meriel : *S'ils sont de mauvaise humeur, ils fonceront sur toi. Ils sont dangereux!*

Q QUELLE A ÉTÉ VOTRE PIRE MORSURE?

R Michael : *La pire... Celle d'un ours? D'un python? Ou peut-être celle d'une mystérieuse bestiole aquatique en Afrique du Sud. J'ai été obligé de prendre des antibiotiques.*

R Meriel : *Aïe! Les morsures-mystères sont les pires. Puisqu'ils ne savent pas à quoi ils ont affaire, les médecins ne savent pas exactement quel traitement convient. La nature, c'est parfois effrayant!*

OBSERVER
LES ANIMAUX DES JARDINS, DES PARCS ET DES VILLES

Autrefois, les animaux sauvages vivaient seulement dans la nature sauvage… Ce n'est plus le cas! Il y a plein d'animaux étonnants dans les villes et les villages. Les explorateurs de la nature urbaine n'ont pas à aller bien loin pour vivre une aventure!

Les villes s'étendent, et les animaux sont de plus en plus nombreux à s'y installer! Il y a longtemps que les souris et les pigeons vivent aux côtés des humains, mais aujourd'hui, on peut voir, dans les espaces verts d'une ville, des blaireaux, des lapins, des écureuils, des moineaux et même des chevreuils.

Le savais-tu

Il fait beaucoup plus chaud dans les villes qu'à la campagne. Les automobiles, les maisons, les gens et les usines produisent de la chaleur. L'écart peut être de 8 °C! Cette chaleur aide les animaux à trouver de la nourriture, car plus il fait froid, plus la nourriture se fait rare.

LISTE D'OBSERVATION

Les animaux des villes finissent par ne plus craindre les humains, parce qu'ils les voient, les entendent et les sentent constamment. Est-ce que tu as vu des animaux de ces espèces près de chez toi?

Étourneau

Renard

39

La ville est parfois l'un des meilleurs endroits où observer des animaux sauvages.

ÉTABLIS TON PROPRE
CIRCUIT URBAIN

Procure-toi un plan de la ville dans un office du tourisme ou une carte par satellite sur Internet et détermine une zone que tu aimerais explorer pour ta recherche d'animaux. Assure-toi que ton circuit inclut un vieux quartier, des arbres et de l'eau, des zones orientées vers le sud et des points d'observation intéressants.

CONSEIL
DE PRO

Les mammifères ne se déplacent jamais bien loin en milieu urbain, parce que c'est dangereux. Si tu vois un mammifère, il vit probablement à proximité. Tu pourras peut-être le suivre jusque chez lui.

Lapin

Canard

Écureuil

Oie

Moineau

Pigeon

APPRENDRE À REGARDER

Si tu veux observer des animaux sauvages, rends-toi à des endroits où ils viennent manger, comme les parcs, les étangs et les jardins. Beaucoup de gens nourrissent les animaux sauvages dans les parcs ou dans des mangeoires. Ces animaux finissent par considérer les humains comme des amis.

CONSEIL DE PRO

Essaie de te faire passer pour un animal : donne des baisers retentissants au dos de ta main! De petits oiseaux pointeront peut-être la tête hors des buissons pour voir de quoi il s'agit.

On peut apprivoiser les petits oiseaux comme ce moineau et leur donner à manger dans notre main.

Le savais-tu ?

Les oiseaux mangent des baies, mais ils ne digèrent pas les pépins. Quelques heures après le repas, les graines sont expulsées avec les fientes de l'oiseau. Elles tombent parfois à des kilomètres du lieu où l'oiseau les a mangées. Quelques graines vont germer, et de nouveaux arbres vont pousser.

41

Tiens un blogue et enregistre tes découvertes, tes photos et tes notes.

OBSERVER LES ARBRES

Repère les arbres qui produisent des baies en automne, par exemple le houx et le sorbier. À cette époque de l'année, les oiseaux de la campagne font un séjour en ville afin de pouvoir dévorer les baies des parcs et des jardins.

Raton laveur

POUBELLES ET BENNES À ORDURES

Garde l'œil aussi sur les bennes à ordures des restaurants-minute et sur les poubelles des parcs et des terrains de jeux. Les gens jettent toutes sortes de choses bonnes à manger, et les animaux le savent très bien.

Si tu veux attirer des animaux dans ton jardin, offre-leur de la nourriture. Ils viendront exactement là où tu veux les observer! C'est ce que font les experts de la nature.

UN RESTAURANT CINQ ÉTOILES

Choisis un endroit loin des buissons où des prédateurs pourraient se dissimuler.

1

Installe un abri pour oiseaux visible de ta fenêtre.

Accroches-y une mangeoire.

2

Remplis la mangeoire de noix ou de graines.

Tiens-toi près de la fenêtre, avec un appareil photo ou des jumelles à portée de la main!

4

3

Un papillon se régale du nectar des fleurs printanières.

DISTRIBUTEURS À NECTAR

Certains colibris passent l'hiver en Amérique centrale et reviennent dans le Nord au printemps pour faire leur nid. Ces minuscules oiseaux se nourrissent principalement de nectar. Il peuvent en boire tous les jours jusqu'à deux fois leur poids. On peut les aider en accrochant des distributeurs à nectar dans son jardin.

LES PAPILLONS DE JOUR ET DE NUIT

Les papillons et leurs chenilles ont besoin de manger, eux aussi! Ils aiment les plantes qui produisent beaucoup de nectar, par exemple l'asclépiade et la lavande. Identifie les espèces de chenilles qui viennent chez toi et essaie de trouver de quelles plantes elles se nourrissent. Garnis-en ton jardin!

ATTENTION ⚠

La sécurité avant tout

Lave-toi toujours les mains après avoir rempli la mangeoire et nettoyé la cabane à oiseaux.

Rien de plus simple que d'attirer des animaux dans ton jardin : offre-leur de l'eau. Les oiseaux ont autant besoin de boire que de manger. L'eau que tu leur donnes leur permettra de survivre, surtout l'hiver, lorsque les flaques d'eau gèlent.

Un merle noir s'asperge d'eau pour nettoyer ses plumes et sa peau.

PALACE POUR INSECTES

Les insectes s'installeront pour l'hiver dans le confortable palace que tu leur auras construit.

1 Remplis un ou plusieurs petits cylindres de brindilles et de feuilles.

2 Cache les cylindres à un endroit où on ne les verra pas.

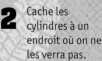

3 Les coccinelles, les chrysopes et d'autres insectes s'y abriteront; ils pourraient même y hiberner.

Coccinelle

Chrysope

Le savais-tu ❓

Certaines espèces de chauves-souris font leur nid dans une boîte. Trouve quelles espèces vivent près de chez toi et aménage des boîtes juste pour elles.

CABANES À OISEAUX

Renseigne-toi sur les oiseaux qui vivent dans ta région et installe des cabanes qui leur plairont.

1 Pour les petits oiseaux des jardins, comme la mésange bleue, la mésange noire et la mésange nonnette, tu dois prévoir une entrée circulaire d'un diamètre de 25 mm. Pour les oiseaux plus gros, comme certains passereaux, l'ouverture doit avoir un diamètre de 45 mm.

2 Afin d'éviter que les oisillons ne tombent de leur nid et que les chats y aient accès, l'ouverture doit être placée à au moins 12,5 cm au-dessus du plancher de la cabane.

3 La cabane elle-même doit être fixée à un mur ou à un arbre, à au moins deux mètres du sol.

ATTENTION ⚠

La sécurité avant tout

- Demande à un adulte de t'aider à choisir un endroit où installer la cabane.
- Porte toujours des gants quand tu nettoies les cabanes à oiseaux au début de chaque printemps.

Si tu es doué en informatique, installe une caméra en direct dans ton jardin. Tu verras tout ce qui s'y passe, une fois la nuit venue!

CONSEILS DE PRO

• Dirige l'objectif vers les cabanes et les bains d'oiseau.

• Quand tu pars en vacances, emporte une caméra avec toi pour explorer de nouveaux habitats!

CAMÉRA DE TERRAIN

Grâce à une caméra de terrain à l'épreuve de l'eau et activée par le mouvement, tu pourras enregistrer des photos, des vidéos et des clips sonores de jour comme de nuit. Tout est sauvegardé sur une carte à mémoire SD; tu pourras donc regarder les résultats sur ton ordinateur, les partager ou les imprimer.

Caméra de terrain

Une martre circule sur une clôture. Elle est filmée par une caméra de terrain.

UN NID SANS SECRETS

Tu peux dissimuler dans le nid une mini caméra avec ou sans fil. Les meilleures caméras enregistrent des images en couleur le jour et des images en noir et blanc la nuit, grâce à un capteur de lumière infrarouge. Un microphone enregistre aussi les sons. Contrairement aux caméras de terrain, les mini caméras exigent une certaine connaissance de l'électronique. Tu devras demander conseil au vendeur.

Une mésange bleue nourrit ses oisillons.

Un blaireau européen traverse la pelouse, ignorant qu'il est filmé!

Michael Leach et **Meriel Lland** t'expliquent ce que ça veut **vraiment** dire, **explorer** la **faune urbaine.**

Q QUEL ANIMAL AVEZ-VOUS ÉTÉ LE PLUS SURPRIS DE POUVOIR FILMER EN VILLE?

R *Michael : Un faucon crécerelle, sans aucune hésitation. C'est le premier faucon du monde à s'être établi en ville. Dans la nature, ces faucons nichent dans des falaises; aujourd'hui, ils nichent sur les gratte-ciels et les ponts assez hauts.*

R *Meriel : Un bœuf musqué au Groenland, je crois. Mais encore faudrait-il savoir si Kangerlussuaq est vraiment une ville! Sinon, un renard roux. Les renards sont de véritables survivants, et ils finissent par connaître la ville comme le fond de leur poche. En plus, ils sont utiles, car ils empêchent la prolifération des rats et des souris.*

R *Michael : C'est vrai. En plus, ils ont appris à fouiller dans les bennes à ordures et dans les abris pour oiseaux, la nuit venue.*

Faucon crécerelle

Effraie des clochers

Renard roux

Ⓠ QU'EST-CE QUE LA FAUNE URBAINE A DE SI SPÉCIAL?

Ⓡ *Meriel : La faune urbaine change constamment.*

Ⓡ *Michael : Oui, il y a toujours de nouveaux animaux qui s'installent en ville, et leurs comportements changent.*

Ⓡ *Meriel : C'est passionnant.*

Ⓡ *Michael : Il y a quelques années, les renards évitaient les villes. Aujourd'hui, ils se promènent dans la rue en plein jour. Les perruches à collier sont elles aussi de plus en plus nombreuses, et il y en a beaucoup en ville.*

Ⓡ *Meriel : Les gens qui veulent observer la faune urbaine sont gâtés, de nos jours.*

Ⓡ *Michael : Il n'est plus nécessaire de faire des kilomètres en voiture pour voir des animaux.*

Ⓡ *Meriel : J'adore! C'est tellement agréable de se promener dans un parc et d'y voir des écureuils, des canards et des oies.*

Ⓡ *Michael : Les humains font partie de la nature, eux aussi!*

Ⓡ *Meriel : Exactement! Et on est toujours heureux quand on voit un animal.*

Faucon crécerelle nourrissant ses oisillons

OBSERVER LES ANIMAUX AQUATIQUES

Une bonne partie des milieux aquatiques est encore inexplorée, et les observateurs de la nature peuvent y faire de magnifiques découvertes. Une faune extraordinaire vit dans les océans, les lacs, les étangs et les cours d'eau.

LES ANIMAUX ET L'EAU

Là où l'eau et la terre se rencontrent, tu peux voir des animaux extraordinaires. Pourquoi ne pas tenter une aventure en bateau?

QUE PEUX-TU OBSERVER?

1 Tiens-toi sur la plage ou sur les rochers qui bordent le rivage, tu pourrais voir plusieurs animaux marins :

2 Sur les rives des étangs et des cours d'eau, tu verras des animaux d'eau douce :

Étoile de mer

Libellule

Grenouille

Crabe

Castor

Dauphin

Crapaud

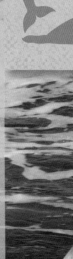

Phoque

Les dauphins sont curieux. Ils s'approchent souvent des bateaux pour les observer!

CASTORS

Les castors se construisent une hutte (leur maison) à l'aide de branches d'arbre. Pour la protéger des prédateurs, ils forment un barrage avec des troncs d'arbre qu'ils font tomber en les rongeant. Allonge-toi sur le sol près d'une hutte, quand le soleil se couche, et tu auras peut-être la chance de voir des castors venir sur la rive pour se nourrir.

Barrage

Hutte

Castor

Le savais-tu ?

Larve de libellule

Les larves de libellule sont des prédateurs redoutables : elles mangent presque n'importe quoi, même des poissons. Certaines larves restent dans un étang pendant cinq ans avant de se métamorphoser en libellules.

SAFARI AQUATIQUE

Sous la surface des étangs, il y a une quantité de petites bêtes fascinantes. Organise un safari aquatique pour pouvoir les observer de près…

SAFARI AQUATIQUE EN SEPT ÉTAPES FACILES

Remplis un bac avec de l'eau de l'étang pour accueillir brièvement les animaux que tu attraperas.

CHASSE **2**

PRÉPARATION **1**

Plonge un filet dans l'eau et décris des cercles.

À la fin du safari, remets doucement les bestioles dans l'étang.

Télécharge des guides en ligne pour identifier tes petites bêtes.

7 **REMISE À L'EAU**

6 **IDENTIFICATI**

CONSEIL DE PRO

Plonge le filet au bord de l'eau, près des végétaux. C'est là que les créatures se cachent pour échapper à leurs prédateurs.

PÊCHE **3**

Vide le filet dans le bac.

ÉTUDE

Avec une loupe, étudie les étranges petites bêtes que tu as attrapées.

4

Prends une photo ou fais une vidéo de tes trouvailles, et note tes observations.

5 **DOSSIER**

⚠ ATTENTION ⚠

La sécurité avant tout

Évite les eaux profondes. Les bestioles les plus intéressantes vivent dans l'eau peu profonde. Et lave-toi toujours les mains à la fin d'un safari aquatique.

Il est parfois difficile de s'approcher des oiseaux et des animaux qui habitent les marais et les plans d'eau. C'est pourquoi les jumelles et les télescopes sont si utiles.

REPÉRAGE AVEC DES JUMELLES

Pour les plans d'eau, utilise des jumelles pour scruter l'horizon afin d'y repérer des mouvements. Tu dois d'abord faire la mise au point (page 14).

1 **Respire lentement.** Les petits mouvements de la main rendent la mise au point difficile. En respirant lentement, tu éviteras ces mouvements.

2 **Choisis une zone.** Balaie lentement l'horizon de gauche à droite et de droite à gauche. Ne passe pas d'une portion de l'horizon à l'autre. Essaie de repérer des mouvements, des couleurs ou des formes.

Les jumelles sont parfaites pour observer les baleines.

TRÉPIED

Un trépied est essentiel pour assurer la stabilité du télescope. Laisse le trépied fixé au télescope; il sera prêt dès que tu voudras observer quelque chose.

Les huîtriers et autres échassiers se nourrissent de petites créatures vivant dans la boue. Ils les trouvent en fouillant la boue avec leur long bec.

LES RÈGLES D'OR DU
REPÉRAGE

1 Essaie de voir ce qui bouge à l'œil nu.

2 Regarde un peu plus loin avec les jumelles.

3 Installe le télescope et observe les zones ciblées.

Rien de plus facile que de suivre la piste d'un animal dans le sable ou dans la boue. Les traces sont tellement nettes!

EMPREINTES DE
GRENOUILLE

Les amphibiens (grenouille, crapaud, salamandre, etc.) naissent dans l'eau. Les adultes vivent près de l'eau, car leur peau sèche rapidement. Tu peux donc facilement voir leur trace dans la boue, près des étangs et des cours d'eau.

Empreintes d'une grenouille qui saute

Empreintes d'une grenouille qui marche

Après avoir mangé, les phoques sortent de l'eau et viennent se reposer sur la terre ferme. Leurs nageoires antérieures et leur queue laissent des traces dans le sable.

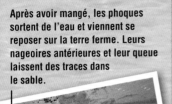

EMPREINTES D'OISEAUX AQUATIQUES

La plupart des oiseaux aquatiques ont des pattes palmées dont les trois orteils sont dirigés vers le devant. Les palmes les aident à se déplacer dans l'eau.

Goéland

Canard

Oie

Foulque

Les foulques ont trois doigts très longs, dirigés vers l'avant. Ils comportent de petits lobes de peau qui s'étirent ou se contractent quand l'oiseau nage.

Le savais-tu ?

Les loutres passent la plus grande partie de leur temps dans l'eau. Certaines espèces préfèrent les rivières et les marais, d'autres, le bord de la mer. Les loutres ont les pattes palmées comme les oiseaux aquatiques. Pour délimiter leur territoire, elles font des crottes malodorantes, qu'on appelle des épreintes, un peu partout sur les rochers et les berges.

TRÉSORS DES ROCHERS

Promène-toi dans les rochers, à la marée basse. De merveilleux animaux sont cachés dans les trous d'eau! Ils y restent quelques heures, jusqu'à ce que la marée remonte.

CONSEIL DE PRO

S'il fait soleil, porte des verres fumés polarisés. Ils coupent la réflexion de la lumière sur la surface de l'eau, ce qui te permet de voir tout ce qu'il y a dans les trous d'eau.

AQUASCOPE

Sers-toi d'un aquascope pour observer ce qu'il y a sous la surface de l'eau. Plonge l'oculaire (la partie la plus large) dans l'eau, et regarde par la lentille. La forme de l'aquascope bloque les reflets de la surface, et tu vois clairement ce qu'il y a sous l'eau.

QUE PEUX-TU OBSERVER?

. . . .

Dans les trous d'eau de mer, il y a des animaux assez fabuleux qui attendent le retour de l'eau. Combien en as-tu déjà vu?

Moules

Oursin de mer

PENSE-BÊTE

• Place-toi toujours face à la mer pour ne pas te faire surprendre par une vague.

• Ne touche pas aux animaux! Si tu déplaces une algue ou un galet pour mieux observer, n'oublie pas de les remettre en place.

• Essaie d'identifier tes découvertes et prends des photos!

Pouces-pieds

Étoile de mer

Bernard-l'hermite

Anémone

Michael Leach et **Meriel Lland** t'expliquent ce que ça veut **vraiment** dire, **explorer** les **milieux dangereux.**

Q LA COMBINAISON D'UN MONDE D'EAU ET DE GLACE REPRÉSENTE UN DES DANGERS DE L'ARCTIQUE. QUEL EST LE PLUS GRAND DANGER AUQUEL VOUS AVEZ FAIT FACE LÀ-BAS?

R *Michael :* Dans l'Arctique, les ours, je crois.

R *Meriel :* Il faut traiter les ours polaires avec le plus grand respect.

R *Michael :* Ce sont les seuls mammifères pour qui les humains ne sont rien d'autre qu'un bon repas!

R *Meriel :* Et comme les glaces fondent, ils ont encore plus faim qu'avant.

Q EST-CE QUE VOTRE VIE A DÉJÀ ÉTÉ EN DANGER?

R *Michael :* Je l'ai échappé belle plusieurs fois sur des routes glacées ou devant des animaux féroces. Il y a quelques années, j'ai aussi été pris en plein milieu d'un ouragan. Tout notre campement est parti au vent : les tentes, la nourriture, l'équipement.

Q AVEZ-VOUS PEUR, PARFOIS?

R *Meriel :* J'ai tout le temps peur. Mais c'est une bonne chose, ça m'aide à faire ce qu'il faut pour rester en vie!

Q QU'EST-CE QUI EST LE PLUS DANGEREUX QUAND ON TRAVAILLE DANS LA NATURE?

R *Michael :* Avoir un accident ou tomber malade.

R *Michael :* Tout à fait. Un jour, au Kenya, j'ai marché par accident sur la queue d'un crocodile. Je ne sais pas qui a été le plus surpris, mais c'est moi qui ai eu le plus peur!

R *Meriel :* Se blesser ou tomber malade à des kilomètres de toute civilisation.

R *Michael :* Ça fait peur! Il faut une bonne trousse de premiers soins...

R *Meriel :* et il faut savoir s'en servir.

OBSERVER
LES ANIMAUX
DES MONTAGNES

L'exploration en altitude est une épreuve d'endurance. Il suffit parfois de quelques minutes pour que les chauds rayons du soleil fassent place à la froideur de la neige. Mais quelle faune extraordinaire : ça en vaut la peine!

ANIMAUX DES HAUTEURS

Dans les montagnes, on trouve certains animaux qu'on ne voit nulle part ailleurs. Le panda géant, le gorille des montagnes et le léopard des neiges habitent des lieux élevés et isolés. Mais tu peux voir toutes sortes d'autres espèces d'animaux plus près de chez toi.

QUE VERRAS-TU?

Selon l'endroit où tu te trouves, tu pourrais repérer ces animaux des hauteurs :

Aigle royal

Lièvre variable

Faucon pèlerin

Chèvre sauvage

Chamois

TOUJOURS PLUS HAUT

Crécerelle

Aigle

Balbuzard

Milan

Faucon

Les oiseaux de proie sont de dangereux prédateurs. Ils ont un bec crochu qui sert à déchirer la chair de leurs proies, et des griffes recourbées qu'on appelle des serres. Tu peux les reconnaître grâce à leur taille et à leur silhouette, quand ils sont en vol.

Les chèvres des montagnes sont robustes et agiles; elles peuvent grimper sur des rochers dénudés.

UNE MARCHE APRÈS L'AUTRE

Une excellente façon de te mettre en forme en vue d'une randonnée dans les hauteurs, c'est de grimper des escaliers! Au début, monte rapidement une volée de marches trois fois de suite, puis marche sur place pendant une minute. Augmente le rythme peu à peu jusqu'à ce que tu puisses le faire dix fois de suite.

SE CAMOUFLER ET SE CACHER

Dans les hauteurs, tu te retrouveras probablement à découvert, sans endroit où te cacher. Si tu ne veux pas que les animaux remarquent ta présence, tu dois apprendre à échapper à leur regard.

LE CAMOUFLAGE

Pour se promener en montagne, où il est difficile de monter une cache à cause des grands vents, certains explorateurs enfilent une tenue de camouflage faite d'un tissu imprimé. Ainsi, ils se fondent aux feuilles et aux branches.

RESTER INVISIBLE EN TERRAIN DÉCOUVERT

Ton odeur

Quand tu grimpes une côte, arrange-toi pour que le vent souffle dans ta direction. S'il soufflait dans ton dos, il emporterait ton odeur vers les animaux que tu veux étudier.

Ta silhouette

Ne te promène pas sur la crête d'une colline, les animaux reconnaîtraient rapidement ta silhouette se détachant sur le ciel. Reste plutôt sur le flanc de la colline, sous la ligne d'horizon.

Ta présence

Pour voir un animal, tu dois l'espionner en te cachant derrière des rochers ou des buissons. Parcours le secteur des yeux tout en restant « à couvert ».

Il te faudra ramper comme un soldat : sur les coudes, les genoux et les orteils, avance lentement et reste le plus près possible du sol.

CONSEILS DE PRO

- Exerce-toi à ramper pour renforcer tes muscles.
- Pas de tenue de camouflage? Des bandes de filet de camouflage feront l'affaire!

En montagne, la température baisse d'environ deux degrés par 300 mètres d'altitude. Le secret d'une randonnée réussie, c'est d'avoir un bagage léger, mais tout ce qu'il faut pour faire face au mauvais temps. Si quelque chose tourne mal, tu devras peut-être passer un peu plus de temps que prévu en altitude.

TROUSSE D'URGENCE

Les articles suivants t'aideront à faire face à toutes les situations d'urgence :

• **Drap de survie en aluminium ou en plastique –** Il est léger, étanche et à l'épreuve du vent. Il t'aidera à conserver la chaleur.

• **Tuque chaude**
• **Lampe frontale**
• **Sifflet –** Pour attirer l'attention en cas de problème
• **Gilet de haute visibilité**
• **Réserves de nourriture**
• **Eau**
• **Carte**
• **Trousse de premiers soins**

• **GPS –** On peut installer des applications GPS et des cartes, parfois gratuitement, sur la plupart des téléphones intelligents.
• **Boussole –** Tu trouveras sur Internet des instructions sur la façon de l'utiliser.

Drap de survie en aluminium

Il faut savoir s'habiller pour aller en montagne. Les vêtements de randonnée d'aujourd'hui sont conçus pour être portés l'un par-dessus l'autre. Ainsi, tu n'auras pas chaud quand tu marcheras, et tu n'auras pas froid quand tu seras immobile.

Quatre couches de vêtement

Choisis une lampe frontale avec de gros boutons que tu pourras actionner même avec des gants.

CONSEIL DE PRO

Vaut mieux porter deux paires de gants : une première paire en coton, qui gardera tes mains au chaud pendant que tu prends des notes, et une paire isolante qui ira par-dessus.

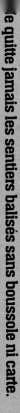

e quitte jamais les sentiers balisés sans boussole ni carte.

Les espèces qui vivent en montagne ne sont pas toujours faciles à repérer. Observe les secteurs les plus verts, là où il y a des plantes à manger. Les animaux sauvages ne s'éloignent jamais beaucoup de leur source de nourriture.
Ils sont moins nombreux sur les pentes grises, faites de roches.

CONSEIL DE PRO

Quand tu te promènes dans la neige, avance lentement et observe attentivement. Les animaux des montagnes ont souvent le pelage blanc, l'hiver, et il est difficile de les voir.

PISTES ET SENTIERS

Les animaux finissent par tracer des sentiers à force de passer toujours au même endroit. Si tu trouves un sentier, n'hésite pas à le suivre. La marche est souvent plus facile sur un sentier… tant pour les animaux que pour les humains. En outre, les oiseaux et les petits animaux viennent souvent y chercher un peu de nourriture.

Lièvre

Chevreuil

LES ANIMAUX ONT SOIF

Comme l'eau dévale les pentes, il est difficile d'en trouver dans la montagne. Si tu découvres un bassin ou un cours d'eau, fais une pause et regarde autour de toi. Des animaux finiront par venir boire ou s'ébrouer.

Orignal s'abreuvant

Promène-toi surtout sur les pentes sud. Les pentes nord reçoivent moins de soleil, et elles sont en général plus froides.

Le savais-tu ❓

Le corbeau est un des rares oiseaux à aimer le vent. On dirait qu'il joue dans la tempête : il vole sur le dos et même parfois à reculons!

Tu vois l'herbe bouger, mais il n'y a pas de vent? Un animal est à l'œuvre!

Michael Leach et **Meriel Lland** t'expliquent quels **outils technologiques** sont les **plus utiles.**

Q QUEL EST VOTRE MATÉRIEL TECHNOLOGIQUE PRÉFÉRÉ POUR PHOTOGRAPHIER LA NATURE?

R *Michael : Les caméras de terrain sont excellentes pour les animaux timides...*

R *Meriel : ... et pour explorer les endroits éloignés.*

R *Michael : Tu peux photographier un animal sans qu'il se doute de ta présence.*

R *Meriel : Et c'est important! La nuit, nous utilisons des caméras thermiques qui nous permettent d'obtenir le même type d'instantané. Ni vu ni connu.*

R *Michael : Les animaux dégagent de la chaleur, et notre matériel nous permet ainsi de les repérer.*

R *Meriel : Nous pouvons les regarder vivre, même dans le noir le plus complet.*

R *Michael : Et les animaux ne sont pas dérangés du tout.*

Q EST-CE QU'ON PEUT, EN TOUTE SÉCURITÉ, UTILISER DES DRONES POUR FILMER LA FAUNE?

R *Meriel :* Les drones permettent de voir les choses sous un tout nouvel angle.

R *Michael :* Ils sont parfaits pour observer de gros animaux, par exemple les éléphants et les ours polaires.

R *Meriel :* Il faut quand même faire attention.

R *Michael :* Certains petits animaux peuvent prendre un drone pour un oiseau de proie.

R *Meriel :* Si le drone s'approche trop, les animaux risquent de paniquer. Leur bien-être passe avant tout.

Q QUELS INSTRUMENTS EMPORTEZ-VOUS POUR LES LONGUES EXPÉDITIONS DANS DES ENDROITS ISOLÉS?

R *Meriel :* Le téléphone intelligent a tout changé pour moi. Il est à la fois une bibliothèque, une boussole, un atlas, un GPS et un système de communication en cas d'urgence.

R *Michael :* Mais nous allons souvent dans des endroits où les téléphones mobiles sont inutilisables; nous devons donc nous munir d'un téléphone satellite pour les communications en cas d'urgence.

R *Meriel :* Ces téléphones envoient leur signal directement vers un satellite qui flotte dans l'espace. On peut les utiliser de n'importe quel endroit sur la Terre...

R *Michael :* quand on a un chargeur solaire. Les panneaux solaires portatifs ne sont pas assez puissants pour que l'on puisse regarder la télé. Mais ils sont parfaits pour recharger les piles des téléphones et des caméras. C'est essentiel, dans la nature!

OBSERVER
LES ANIMAUX
DES PRÉS, DES FERMES
ET DES ZONES ARIDES

Promène-toi près des terres agricoles.
Tu y verras une grande variété de créatures,
en particulier dans les buissons et dans l'herbe haute
qui s'étale au bout des champs, près des cultures.

Les terres cultivées et les pâturages fournissent une bonne partie des aliments que nous mangeons et attirent des bêtes sauvages par milliers.

Le savais-tu

• Il existe une cinquantaine d'espèces de cerfs, différenciés selon la forme de leurs cornes appelées des bois. Les mâles s'en servent pour se battre. Les bois tombent après quelques mois, mais repoussent peu après.

• Les souris, les écureuils et les lapins mangent les bois qui sont tombés. Regarde bien, tu verras les marques de leurs dents!

AS-TU VU?

Un lapin

Un chevreuil

Un lièvre

Un corbeau

L'hiver, d'immenses volées comptant près de 10 000 oiseaux s'abattent sur les champs à la recherche de graines. Ici, une volée de grues du Canada s'est posée sur un champ de maïs du Nouveau-Mexique, aux États-Unis.

CODE DE L'EXPLORATEUR

N'oublie pas qu'il y a des gens qui vivent et qui travaillent sur les terres agricoles. Quand tu t'y promènes, fais preuve de respect. Suis ces quelques directives :

Profite pleinement de la campagne et du mode de vie rural.

Ne traverse pas les haies; emprunte les chemins d'accès.

Ne fais pas de feu.

Laisse les barrières comme tu les as trouvées.

Sois bien préparé.

Tiens tes animaux de compagnie en laisse.

Ne laisse aucun déchet derrière toi.

Fais bien attention sur les routes de campagne.

Respecte les gens que tu croises.

Ne t'approche pas du bétail, des cultures ou des machines.

Ne fais pas de bruit inutilement.

Protège les animaux, les plantes et les arbres.

Reste sur les chemins publics, entre les champs.

Prends soin de l'environnement.

CRÉATURES À SANG FROID

Les reptiles adorent les terrains dégagés, où les proies abondent. Les petits lézards mangent des mouches et des grillons, et la plupart des serpents chassent les petits mammifères comme les souris.

Ce lézard a échappé à son prédateur, mais il y a laissé un bout de sa queue. Peu importe! Tu vois? Un nouveau bout de queue repousse.

Une couleuvre à collier prend un bain de soleil; ça lui réchauffe le sang.

SUR LA PISTE DES SERPENTS

1 Les serpents sont des animaux à sang froid, c'est-à-dire que la température de leur corps est celle de leur environnement. Pars à leur recherche dès le matin, quand ils font provision de chaleur sous le soleil.

2 Quand un animal s'approche d'un serpent, les vibrations de ses pas donnent au reptile une idée de sa taille. Si tu tapes des pieds sur le sol, le serpent pensera que tu es ÉNORME, et il évitera de t'attaquer.

3 Ne touche jamais à un serpent! Il y a seulement 600 espèces venimeuses sur 3 000, mais tous les serpents mordent!

4 Les serpents aiment bien se reposer à l'intérieur d'arbres creux ou derrière des gros rochers. Fais attention! Ne mets jamais la main ou le pied dans des endroits où ils risquent de se cacher.

Le savais-tu ❓

La peau du serpent n'est pas extensible. Il doit donc s'en débarrasser à mesure qu'il grandit. Sa vieille peau tombe toutes les deux ou trois semaines. Cela s'appelle la mue. Avec un peu de chance, tu pourras trouver des petits morceaux de peau.

Toutes sortes de papillons de jour et de nuit ont élu domicile dans les champs. Les papillons adorent le soleil et détestent les coups de vent. Tu auras plus de chance d'en trouver dans des endroits protégés où poussent leurs fleurs préférées.

C'est la forme des antennes qui distingue les papillons de jour des papillons de nuit. Il y a une sorte de boule au bout de l'antenne des papillons de jour, alors que celles des papillons de nuit ont plutôt l'air de plumes (voir l'encadré Visiteurs nocturnes, sur la page de droite).

OBSERVER LES PAPILLONS

1 Différentes espèces de papillons sont actives à divers moments de la journée. Explore un même endroit le matin, le midi et le soir.

2 Certains papillons s'immobiliseront à ton approche. D'autres s'envoleront immédiatement. Utilise des jumelles pour les observer à distance.

CONSEIL DE PRO

Il ne faut pas toucher les chenilles poilues! Certaines espèces ont des poils urticants qui les protègent de leurs prédateurs. Ça veut dire que ces poils provoquent des démangeaisons!

VISITEURS NOCTURNES

Par un beau soir d'été, laisse une lumière du rez-de-chaussée allumée (après avoir fermé les fenêtres). Les papillons de nuit ne pourront résister à son attrait et viendront se poser sur les vitres. Va dehors pour tenter d'identifier différentes espèces.

Les petits mammifères comme les campagnols et les souris des moissons sont timides et difficiles à repérer. S'asseoir au bout du champ, là où il y a le plus de nourriture pour eux et le moins de prédateurs, est la meilleure façon de les voir.

Les souris des moissons, qui ne pèsent que cinq grammes environ, vivent dans les prairies et près des roseaux. Tente de repérer leurs nids d'herbe ronds comme une balle de tennis, c'est là qu'elles dorment et donnent naissance à leurs bébés.

TRAQUER LES LIÈVRES ET LES LAPINS

Les lièvres et les lapins ont les yeux placés sur les côtés de la tête. Ils voient donc leurs ennemis venir de tous les côtés. On ne les approche pas de la même manière que les autres bêtes sauvages : il faut se placer droit devant eux et s'en approcher lentement.

DÉTECTEUR DE CHAUVES-SOURIS

Les chauves-souris sont de petits mammifères volants. Pour s'orienter dans l'espace et repérer leurs proies, elles se servent d'ultrasons : elles poussent des cris et écoutent l'écho qui leur est renvoyé. Les détecteurs de chauves-souris captent leurs cris — bien trop aigus pour que nous les entendions — et les retransmettent à une fréquence plus basse. Nous pouvons ainsi identifier le type de chauve-souris.

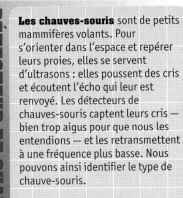

LE CHASSEUR EST CHASSÉ

Les petits mammifères, lorsqu'ils sont surpris ou apeurés, poussent un petit cri. Tu peux faire un bruit semblable en aspirant doucement le dos de ta main. Tu pourrais peut-être attirer un prédateur, par exemple une belette, qui vient voir ce qui se passe.

Michael Leach et **Meriel Lland** t'expliquent ce que ça veut **vraiment** dire, **explorer** les **terres agricoles.**

Q QUELS ANIMAUX AIMEZ-VOUS LE PLUS PHOTOGRAPHIER DANS LES TERRES AGRICOLES?

R *Michael :* Ce sont des endroits parfaits pour les oiseaux.

R *Meriel :* Quand il y a des vaches, des moutons et des chevaux, il y a aussi des insectes...

R *Michael :* et quand il y a des insectes, il y a des oiseaux!

R *Meriel :* La saison du labourage est une excellente période d'observation.

R *Michael :* Quand on laboure, on retourne le sol et on découvre des vers de terre et les larves de toutes sortes d'insectes.

R *Meriel :* Les oiseaux viennent par centaines pour les manger — c'est spectaculaire!

Q QUEL EST LE MEILLEUR MOMENT POUR EXPLORER LES TERRES AGRICOLES?

R *Michael :* Au printemps, nous explorons les flaques d'eau et de boue.

R *Meriel :* Certains oiseaux, comme les hirondelles et les grives, ont besoin de boue pour faire leur nid.

R *Michael :* S'ils trouvent une boue de bonne qualité, ils vont revenir en chercher!

R *Meriel :* Le temps des récoltes est parfait pour observer les oiseaux en colonies. Ils viennent manger les graines qui restent dans les champs où ont poussé le blé et l'orge.

Q QUELLES ESPÈCES D'ANIMAUX VOUS INTÉRESSENT LE PLUS DANS LES TERRES AGRICOLES?

R *Michael :* Les hiboux, sans aucun doute. Il suffit de trouver une boulette de régurgitation pour tout savoir de son habitat.

R *Meriel :* Il faut disséquer la boulette, non?

R *Michael :* Bien sûr! En effet, la plupart des hiboux ne font qu'une bouchée de leur repas; quelques heures plus tard, ils rejettent une boulette contenant les poils, les os et les dents du dernier animal avalé.

R *Meriel :* Tout ce que le hibou ne peut pas digérer, donc.

R *Michael :* C'est ça. La boulette nous donne beaucoup d'indices sur les petits animaux qui vivent dans le même milieu.

R *Meriel :* Tu te souviens de toutes les boulettes qu'on a disséquées au Kenya?

R *Michael :* Ça nous a occupés pendant des semaines!

EXPLORER LA NATURE ET EN PARLER

C'est toujours agréable d'explorer la nature.
On peut le faire en solitaire, avec des amis et de la famille
ou en groupe. En partageant tes découvertes,
tu peux aider les scientifiques à mieux comprendre
tout ce qui se passe dans la nature.

Les explorateurs qui parcourent le monde filment leurs découvertes et les diffusent sur Internet. Tu peux ainsi admirer, sur ton ordinateur, les perroquets de la forêt tropicale, les forêts d'algues marines sous l'océan ou les mares grouillantes de vie, en Afrique.

CONSEIL DE PRO

Quand c'est l'après-midi chez toi, c'est la nuit de l'autre côté du globe. Vérifie la différence d'heure et regarde les caméras en direct qui observent les animaux en pleine activité.

POUR LES CURIEUX

Tu peux aussi aller consulter des livres sur la faune et la flore à la bibliothèque, ou encore regarder des documentaires animaliers. Tu découvriras ainsi toutes les merveilles que les plus grands photographes et journalistes animaliers saisissent au quotidien.

En t'intéressant à la façon dont vivent les autres animaux, tu comprendras bien mieux la faune qui t'entoure.

Rends-toi également sur les sites Web des parc animaliers et aquariums de ta région pour en apprendre toujours plus!

EN DIRECT DU ZOO

Les zoos, les centres de réhabilitation et les parcs animaliers filment constamment leurs pensionnaires. Tu peux observer des chimpanzés et des gorilles, des tigres, des fourmis coupe-feuilles, des pingouins et des girafes en train de vaquer à leurs occupations.

À gauche : Caméra en direct dans un enclos de chimpanzés

Ci-dessous : Un tigre s'intéresse à la caméra.

Des explorateurs d'Hawaï partagent leurs découvertes sur Internet.

Les blogues sont une excellente façon de faire connaître tes découvertes. Vas-y! Crée un blogue à ton image et diffuse-le sur Internet! Parles-y de ta région, et des animaux que tu vois en allant à l'école ou dans ton propre jardin.

SOUVENIRS DURABLES

Plusieurs fournisseurs

de services en ligne offrent de confectionner un album à partir de tes propres photos avec tes commentaires. Tu peux composer un album de toutes les espèces d'animaux que tu as vues dans ta vie et y intégrer tes notes d'excursion. Tu peux aussi faire imprimer tes meilleures photos sur une tasse, un chandail, un sac ou un coussin... et les offrir en cadeau!

INTERNET

Consulte Internet pour trouver des renseignements utiles sur les sujets suivants :

CRÉE UN BLOGUE

Sur un blogue, tu peux télécharger des photos, des vidéos, des enregistrements sonores, des croquis et des comptes rendus de tes excursions. Tu dois avoir au moins 13 ans pour créer un blogue sur la plupart des médias sociaux. Si tu n'as pas encore l'âge requis, demande à un adulte de te donner un coup de main.

- Conservation active
- Fiches d'identification des animaux
- Utilisation d'une boussole
- Faune des trous d'eau de mer
- Comment créer un blogue
- Renseignements sur le pistage des animaux

GLOSSAIRE

Amphibiens : animaux qui passent une partie de leur vie dans l'eau et une partie sur terre.

Animal à sang chaud : animal qui peut réguler sa température lui-même.

Animal à sang froid : animal dont la température du corps est celle de son environnement.

Balayage : action de parcourir un environnement du regard.

Boulette de régurgitation : petite boule de matière non digérée, par exemple des os et de la fourrure, que certains animaux régurgitent en les faisant passer de leur estomac à leur bouche.

Cache : abri à motif camouflage à l'intérieur duquel on peut observer la faune sans se faire voir.

Caméra de terrain : caméra qui se déclenche automatiquement dès qu'un animal passe devant l'objectif.

Camouflage : façon de se dissimuler en imitant son environnement.

Carnivore : animal qui mange de la viande.

Dissection : opération consistant à ouvrir et à analyser un corps ou une partie de celui-ci pour voir ce qu'il y a à l'intérieur.

Écran : tissu ou filet derrière lequel tu peux observer un animal sans qu'il te voie ou remarque ton équipement.

Empreinte : trace laissée par les pattes d'un animal.

Épreinte : crottes de la loutre.

Excréments : crottes d'animaux.

Habitat : lieu où vit un animal ou une plante et où il trouve sa nourriture, un abri et un partenaire.

Identification : procédé qui permet de savoir à quelle espèce un animal ou une plante appartient.

Nocturne : type d'animal qui vit la nuit.

Piste : traces laissées par un animal : odeur, poils, empreintes, petits bouts de branches qu'il casse en passant.

REMERCIEMENTS

Les auteurs

Michael Leach est photographe animalier professionnel et auteur. Il est fasciné par le comportement des animaux et il s'est rendu dans certains des lieux les plus reculés du monde afin d'approcher les gorilles, les pandas et les ours polaires. Michael a filmé plus d'une centaine d'émissions télévisées sur la vie sauvage et écrit 28 livres.

Meriel Lland enseigne à la Manchester Metropolitan University. Elle est écrivaine, photographe et artiste de cinéma. La nature et ses secrets sont pour elle une source d'émerveillement constant. Elle a côtoyé les rennes de la Scandinavie, les éléphants d'Afrique et les chameaux du Maroc. Ses textes et images ont paru dans le monde entier, dans des publications consacrées à la nature.

Michael et Meriel sont des passionnés de la conservation de la nature. Ils collaborent avec de nombreux organismes internationaux pour la protection de la faune.

Remerciements

L'éditeur remercie les agences suivantes de lui avoir accordé la permission d'utiliser leurs images.
Légende : h = haut; b = bas; g = gauche; d = droite; c = centre; ap = arrière-plan; pp = premier plan.

Alamy Stock Photo 12/13 pp Paul R. Sterry/ Nature Photographers Ltd, 14/15 © Stocktrek Images, Inc., 16/17pp © age fotostock, 16 bg © National Geographic Creative, 26 cg © David Chapman, 28 cg © Andrew Harker, 31hd © blickwinkel, 32 b hg © Pat Bennett, 33bd © Zute Lightfoot, 34bd © Marcus Harrison - outdoors, 46/47 © Nick Upton, 49c © Warwick Sloss, 57 b © Leon Werdinger, 68/69 © parkerphotography, 71hd © Cultura RM, 72/73 © Design Pics Inc, 72 b © blickwinkel, 72bd © blickwinkel, 82/83 © Mark J. Barrett, 85c © Jack Sullivan.

Corbis images 6/7 © Zero Creatives/cultura/Corbis, 20/21 © Zero Creatives/cultura/Corbis, 26/27 © James Hager/robertharding/Corbis, 30/31 © Tim Laman/National Geographic Creative/Corbis, 44/45 © Martin Harvey/Corbis, 70/71 © Tobias Richter/ Tobias Richter/Lookfoto/Corbis, 87hd © Roger Tidman/Corbis, 88/89 © Hero Images/Corbis, 90/91 © Colin Anderson/Blend Images/Corbis, 91 hg © BERND WEISSBROD/epa/Corbis, 91c © Joel Sartore/National Geographic Creative/Corbis.

FLPA 32b hd Malcolm Schuyl/FLPA.

Getty Images 4/5 Jeremy Woodhouse, 9hd Hero Images, 12bg PeopleImages, 58b Tim Ridley, 60/61 Adrian Weinbrecht.

Michael Leach et Meriel Lland 1hd, 1cd, 2bd, 3h, 23hd, 23 cg, 32bd, 33 hg 34hd x2, 34 bg, 38 b, 48 h, 48 b, 49 h, 62 h x2, 63 b, 74hd x2, 74cd, 78bd, 80/81b, 85 b, 86 h, 86 b, 87 bg, 87bd.

Nature Picture Library 28/29 Klaus Echle, 32/33 Roland Seitre, 36/37 Sam Hobson, 46bd Eric Medard, 50/51 ARCO/Kutschenreiter, 53cd h Ingo Arndt, 54/55 Florian Möllers, 56 b Espen Bergersen, 59 hg Juan Carlos Munoz, 64/65 Peter Cairns, 76/77 Klein & Hubert, 80/81 Visuals Unlimited.

www.aphotomarine.com 60ch (aquascope).

Photoshot 84b Photographes : Andrea et Antonella Ferrari.

Shutterstock 1b Sparkling Moments Photography, 2-3ap Kichigin, 3b yurchello108, 5hd Steven Ward, 8bg Feng Yu, 8/9 soft_light, 10 Kletr, 10/11ap Dmitry_Tsvetkov, 11hd (x3) estherpoon, 11 pp KANIN.studio, 12/13ap Creative Travel Projects, 13hd l i g h t p o e t, 13cg Volodymyr Burdiak, 15hd (affût) Leremy, 15hd (course) file404, 15hd (empreintes) mtmmarek, 15hd (parfum) DeCe, 15hd (pendentif) Kapreski, 15hd (jumelles) ekler, 15bg homydesign, 16/17ap Dhoxax, 17bg Pefkos, 17bc Africa Studio, 17bd phatisakolpap, 18/19 Stephan Morris, 20c (a) valleyboi63, 20c (b) bioraven, 20c (c) 3523studio, 20c (d) bioraven, 20c (e) Sigur, 21cg francesco de marco, 21cd kostin77, 22/23 Thomas Zsebok, 24/25 Medvedev Vladimir, 24cg Steve Allen, 25hd (écureuil) Lifeking, 25hd (renard) Airin.dizain, 25hd (blaireau) yyang, 29hd (chevreuil) predragilievski, 30cd Michele Cozzolino, 30bg (branche) PinkPueblo, 30bg (homme assis) Satika, 32b bg Atmaji Widiyuswanto, 33hg Leremy, 34/35ap Sergieiev, 35hd Tom Tietz, 35b Kagai19927, 38/39 Mark Bridger, 38c (étourneau) Ozerov Alexander, 39hd lzf, 39cg Tony Moran, 39c Melinda Fawver, 39cd Robert Fowler, 39bg Andrey Shcherbukhin, 39bc dirkr, 39bd Cosmin Coita, 40/41 alexkatkov, 41hg Leremy, 41bg jennyt, 42/43 Aleksey Stemmer, 43hd Dec Hogan, 44bg (coccinelle) Yellowj, 44bc (chrysope) Jurik Peter, 45hd mborgali, 46bg Keith Bell, 47cd Erni, 48/49ap Jirat Teparaksa, 49b Piotr Kamionka, 52c (étoile de mer) golubok, 52c (dauphin) Cjwhitewine, 52c (phoque) Cattallina, 52c (libellule) agongallud, 52c (castor) yyang, 52/53 Tory Kallman, 53c Adwo, 53cd b Jody Ann, 53b Vitalii Hulai, 54cd Roman Sotola, 54bc VoodooDot, 55cg Roman Sotola, 55cd Vector Market, 55bg Puckung, 56/57 Captiva55, 57h Matt Howard, 58/59ap padung, 58/59 David Osborn, 58c Wollertz, 59hd (goéland) BillieBonsor, 59c (canard) Bennian, 59c (oie) Ina Raschke, 59c (foulque) Nina B, 59b Volt Collection, 60c Joy Prescott, 60b Randimal, 61cg Heather Lucia Snow, 61cd Matthew Gough, 61bg Lori Froeb, 61bd Marie Cloke, 62b FloridaStock, 63h Images By Kenny, 63cg omphoto, 66/67 Josh Schutz, 66hd Vladimir Kogan Michael, 66cg Chris Hill, 66cd Ben Queenborough, 66bg ueuaphoto, 66bd Robert Asento, 67hd (crécerelle) Vitaly Ilyasov, 67hg Aleksandr Sulga, 67cg (balbuzard) Gallinago_media, 67cg (faucon) yyang, 67cd Jessmine, 68bg Vitezslav Malina, 69hd (homme) Leremy, 69hd (vent) Wiktoria Pawlak, 69hg moj0j0, 69cd Leremy, 70b Daxiao Productions, 73c James Tarver Photography, 74/75 SergeBertasiusPhotography, 74bd tranac, 75cg Maria Dryfhout, 75cd Erwin Niemand, 75bd Vitalii Nesterchuk, 78/79 sumikophoto, 78cg Laurent Renault, 78cd Soru Epotok, 78bg Inge Jansen, 78bd iliuta goean, 79g (de haut en bas), (a) (campagne) VoodooDot, (d) (animaux) Barry Barnes, (e) (respect) Leremy, (f) (bétail) vip2807, (g) (protection) Epsicons, 79d (de haut en bas), (a) (feu) Liudmyla Marykon, (b) (plan) SoleilC, (c) (déchet) davorana, (d) (routes) microvector, (e) (bruit) graphic stocker, (f) (chemins) SIM VA, (g) (soin) Kalabukhava Iryna, 80/81ap AwaylGl, 82bg bioraven, 82bd Martial Red, 83bg eprom, 84/85 Erni, 86/87ap Alexander Lebedev, 90bd (ordinateur) fad82, 90bd (panda) Birdiegal, 92/93 (fille) auremar, 92/93 (écran) IanC66, 92cg think4photop, 92bg (livre) irbis pictures, 92bg (image du livre) TSpider, 93hd Alena Ozerova, 93hcd AlexussK, 93cd Sarah Lew, 94/95ap Dr Ajay Kumar Singh, 95 Anton_Ivanov, 96ap Szczepan Klejbuk.

Illustrations : Sauf indication contraire, toutes les illustrations © Marshall Editions.